Alexandre Desplat

AIRLINES

pour flûte solo

DURAND

DISTRIBUTED BY

HAL•LEONARD®

à Emmanuel Pahud, le flûtiste globe-trotter

AIRLINES

pour flûte seule

Alexandre Desplat

DF 16558

Le Code de la propriété intellectuelle n'autorisant, aux termes de l'article L 122–5 paragraphes 2 et 3, d'une part, que « les copies ou reproductions réservées à l'usage privé du copiste et non destinées à une utilisation collective » et, d'autre part, que « les analyses et courtes citations justifiées par le caractère critique, polémique, pédagogique, scientifique ou d'information de l'œuvre à laquelle elles sont incorporées », « toute reproduction intégrale ou partielle faite sans le consentement de l'auteur ou de ses ayants droit ou ayants cause est illicite » (article L 122–4). Cette reproduction, par quelque procédé que ce soit, constituerait donc une contrefaçon sanctionnée par les articles 425 et suivants du Code pénal.